Novena pedi e recebereis

Felipe G. Alves

Novena pedi e recebereis

Petrópolis

© 2002, Editora Vozes Ltda.
Rua Frei Luís, 100
25689-900 Petrópolis, RJ
www.vozes.com.br
Brasil

6ª edição, 2014.
1ª reimpressão, 2024.

Todos os direitos reservados. Nenhuma parte desta obra poderá ser reproduzida ou transmitida por qualquer forma e/ou quaisquer meios (eletrônico ou mecânico, incluindo fotocópia e gravação) ou arquivada em qualquer sistema ou banco de dados sem permissão escrita da editora.

CONSELHO EDITORIAL	**PRODUÇÃO EDITORIAL**
Diretor Volney J. Berkenbrock	Aline L.R. de Barros Jailson Scota Marcelo Telles
Editores Aline dos Santos Carneiro Edrian Josué Pasini Marilac Loraine Oleniki Welder Lancieri Marchini	Mirela de Oliveira Natália França Otaviano M. Cunha Priscilla A.F. Alves Rafael de Oliveira
Conselheiros Elói Dionísio Piva Francisco Morás Gilberto Gonçalves Garcia Ludovico Garmus Teobaldo Heidemann	Samuel Rezende Vanessa Luz Verônica M. Guedes
Secretário executivo Leonardo A.R.T. dos Santos	

Editoração: Fernando Sergio Olivetti da Rocha
Projeto gráfico: AG.SR Desenv. Gráfico
Capa: Omar Santos

ISBN 978-85-326-2671-4

Este livro foi composto e impresso pela Editora Vozes Ltda.

Introdução

Quem não precisa receber alguma graça do Bom Pai do Céu? Quem não está passando por alguma necessidade ou sofrendo alguma dor? Sabia que esse Bom Pai o ama de verdade e que Ele tem tudo para lhe dar? Não foi à toa que Jesus afirmou: "Vinde a mim todos vós, fatigados e sobrecarregados, e eu vos aliviarei!" (Mt 11,28). Como se isso não bastasse, Ele ainda afirma categoricamente: "**Pedi e recebereis!** Buscai e achareis! Batei e vos abrirão. Porque quem pede, recebe, e quem procura, acha, e a quem bate se abre! (Lc 11,9-10).

Se tudo isso é verdade, como se explica, então, que tanta gente já rezou, já clamou, já fez promessas e nada recebeu? É que o nosso Deus nunca foi nem mago nem bruxo todo-poderoso, vivendo à nossa disposição para nos servir, tal qual o gênio da lâmpada de Aladim. Nosso Deus é amor, e o que Ele mais deseja é que todos nós vivamos em plenitude como filhos, participando de sua vida, abertos totalmente ao seu amor e à sua vontade.

Para isso Ele colocou em nosso caminho muitos santos que tomaram a resolução de viver a vida divina. O que fazem eles? Não só nos orientam a viver de modo diferente. Mais do que isso: **Eles por nós intercedem.**

E saiba você que nós temos no Brasil um santo extraordinário, nascido em Jacutinga (MG) em 1895; que viveu e se santificou por 50 anos em Santa Rita de Caldas (MG); que foi acolhido nos braços do Bom Pai em 1977. Sabia que seu processo de beatificação, iniciado em 2001, já se encontra em Roma, em sua fase terminal? Trata-se do servo de Deus **Alderígi Maria Torriani**. Que santo extraordinário! Tão pobre como São Francisco de Assis, tão amante dos miseráveis e sofredores como Beata Tereza de Calcutá e tão milagroso como Santo Antônio. Em cada dia dessa novena você vai conhecê-lo melhor e ele vai lhe ensinar como viver essa vida divina num modo totalmente filial. Cada dia você vai encontrar um de seus milagres para fortificar a sua fé e confiança. E cada dia você vai clamar a ele, cheio de devoção, e ele vai interceder por você.

Faça essa novena com fé e orando fervorosamente e você vai ter a grande surpresa de ver como Jesus gosta de atender a seus santos. Portanto, peça e você vai receber. Amém.

1º dia: Eu sou filho de Deus

1º) Oração inicial: Louvor e súplica a Pe. Alderígi (Veja início da novena!)

2º) Assim o servo de Deus Alderígi escreveu em *Comunidade de Base*, **de 1970, sobre o amor de Deus:** "Somos filhos adotivos de Deus e possuímos não só o universo, mas, de certo modo, o próprio Deus. Possuímos a sua vida e temos direito à sua herança. Dissemos filhos adotivos de Deus. Entretanto, diz São João: **Somos filhos de fato** (1Jo 3,1). [...] Como filhos de Deus, somos herdeiros de suas riquezas".

3º) Testemunho de vida: O servo de Deus Alderígi se transforma em homem da alegria ao descobrir ser filho de Deus. Esse sacerdote exerceu seu apostolado por 50 anos em Santa Rita de Caldas (MG). Descobrindo ser filho de Deus, tornou-se um santo, mas, um santo bem diferente, pois gostava de comer bem e também de dar gostosas gargalhadas ao ler *Tio Patinhas*. Vibrava também com futebol (torcia pelo Flamengo) e se empolgava com festas, bandas, sinos e fogos de artifício. Toda essa vivacidade só podia ter brotado de seu modo de degustar Deus. Para ele, o Senhor se revelava como o Pai bondoso e cheio de carinho. A vida desse santo era marcada pela extrema compaixão pelos pobres, doentes e sofredores, porque ele descobriu que toda essa gente era composta só de filhos queridos do mesmo Pai. Como herdeiro das riquezas divinas, suas orações eram atendidas, os milagres iam acontecendo e ainda hoje acontecem.

4º) Exemplo do poder de Deus, através do Pe. Alderígi, para aumentar sua fé: Em 1964, Dona Maria Rita deu à luz duas meninas gêmeas, das quais uma surgiu com os pezinhos virados para trás. A vergonha e a dor daquela mãe levaram-na à igreja para se desabafar com o Pe. Alderígi, sempre pronto para ouvir qualquer problema, e lhe disse: "Padre, minha filha é aleijada. Vai ser uma moça defeituosa". O padre olhou para ela e disse: "Confie em Santa Rita! Deixe os pés da menina! Ela não é aleijada, não", e elevou suas preces, intercedendo com muito carinho. A mãe se retirou e acabou por se esquecer do problema. Quando deu por si, os pés da menina já estavam perfeitos.

5º) Tarefas a serem executadas neste dia:
1ª) Como você também é filho(a) muito amado(a) de Deus, Ele deve ter colocado em seu coração muitas boas qualidades. Para se valorizar e cobrar ânimo, faça uma lista de todas suas boas qualidades e louve o seu Senhor. **2ª)** Sintonize-se com esse grande santo brasileiro, sentindo a alegria que ele sentia em ser filho de Deus. Sintonize-se também com o poder dos milagres que ele possui e peça-lhe que interceda por você, conseguindo do Bom Pai a graça que você precisa receber.
6º) Oração final: Suplicando a Deus a beatificação de Pe. Alderígi (Veja final da novena!)

2º dia: Se Maria é sua mãe, nela você pode confiar

1º) Oração inicial: Louvor e súplica a Pe. Alderígi (Veja início da novena!)
2º) Assim o servo de Deus Alderígi escreveu em *Comunidade de Base*, em 1970: Nossa Senhora é nossa mãe no plano da

salvação. "Desde que ela (Maria) disse SIM na Anunciação e o SIM ao pé da cruz, nunca mais deixará de ser nossa mãe. Passando para a glória celeste, pela sua Assunção, Nossa Senhora não deixa de ser nossa mãe. Pelo contrário, seu amor de mãe cuida sempre dos irmãos de seu filho Jesus, rodeados de perigos e dificuldades, até que cheguemos ao céu. [...] Nossa Senhora é minha mãe. Do céu ela me vê e me acompanha como mãe que me quer bem. Isso me dá segurança na vida. Eu sei que posso contar sempre com alguém que me conhece, me aconselha e me ama".

3°) Testemunho de vida: Pe. Alderígi, ninguém como ele amou tanto Nossa Senhora. Como esse bom sacerdote vibrava de amor por sua mãe Maria Santíssima! Seu amor a ela vinha de longe: Já no tempo de seminarista, ele mudou o seu nome de Alderígi Torriani, para Alderígi Maria Torriani, sinal de sua consagração à Virgem Maria, e era dessa forma que ele assinou sempre seus documentos e cartas. Um dia, ele participava de um encontro da RCC, exclusivo para o clero, em Pouso Alegre (MG). Num dado momento, quando todos os padres estavam no salão, entrou em procissão uma imagem de Nossa Senhora. Quando ele a viu, só deu aquele grito: "**Mamãe!!!**" e correu para abraçá-la. Nisto, todos os padres ficaram arrepiados de emoção. E desta mãe tão amada este sacerdote exemplar sempre imitou as virtudes, principalmente a virtude da pureza, da alegria e do amor ao pobres.

4º) Exemplo do poder de Deus, através do Pe. Alderígi, para aumentar sua fé: Em 1971, Maria de Lourdes V. Silva, 73 anos, estava internada no hospital de Caldas (MG), muito mal. O médico já tinha avisado: "Gravíssimo o caso dela. Se repetir a trombose, ela morre. Não terá mais jeito". E a trombose se repetiu e ela estava em coma. Todavia, ainda não tinha sido ungida. Então, seu filho tomou o carro e foi até Santa Rita de Caldas para trazer o Pe. Alderígi. Ele entrou no quarto e bateu fortemente no ombro da doente, dizendo: "Lourdes, acorde! Abra os olhos! Santa Rita não quer que você morra, não. Vamos rezar o terço!"

O terço foi indo... foi indo... e quando a oração estava terminada, a doente mexeu a mão, "sustou a sororoca", e os familiares pensaram: "É agora que ela vai mesmo". A anciã, porém, abriu os olhos e perguntou: "Onde estou?"

Dois dias depois, muito feliz, já estava em casa e viveu corajosa por ainda mais onze anos. (Este fato se encontra no livro *Alderígi: gigante de Deus com olhos de criança*, da Editora Vozes.)

5º) Tarefa a ser executada neste dia: Aumentando o seu amor a Nossa Senhora, reze o 1º mistério do terço, a Anunciação do anjo à Santíssima Virgem. Após isso, faça a consagração de sua vida à tão excelsa Mãe do Céu.

6º) Oração final: Suplicando a Deus a beatificação de Pe. Alderígi (Veja final da novena!)

3º dia: Quer receber uma graça? Ame seu próximo!

1º) Oração inicial: Louvor e súplica a Pe. Alderígi (Veja início da novena!)

2º) Assim o servo de Deus Alderígi escreveu em *Comunidade de Base*, em 1973:

Aceitar a Deus como pai é fazer como Cristo, dar a vida pelo irmão. "A vontade do Pai foi expressa na vida e no exemplo de Cristo: amar a Deus e amar o próximo como a si mesmo. São João Apóstolo explica que podemos mostrar o nosso amor a Deus amando o nosso próximo. Deus é invisível, mas os nossos irmãos são visíveis. Dizer a Deus que Ele é nosso Pai é muito fácil, mas mostrar que Ele é mesmo o nosso Pai, só tratando os nossos irmãos como nossos verdadeiros irmãos."

3º) Testemunho de vida: Pe. Alderígi é santo porque muito amou. Uma vez que os pobres podiam comprar todos os remédios na conta desse bondoso servo de Deus, as meninas mais espertas se arriscaram comprar, às custas dele, os cosméticos mais caros. Porém, Edmea, a farmacêutica, não suportando tamanha ousadia, dirigiu-se à casa paroquial e as denunciou. Então o padre lhe disse: "Ô Edmea, você também não foi mocinha?" – Fui sim. Só que elas compram os cosméticos da melhor qualidade. – Ô! Coitadinha d'ocê! Comprava-os da pior qualidade, não? Deixe-as comprar! O padre velho paga.

4º) Exemplo do poder de Deus, através do Pe. Alderígi, para aumentar sua fé: Em 1977, o Sr. André, que trabalhava na Pirelli de Poços de Caldas (MG), arrastava séria disritmia. Tinha a impressão de que sua cabeça ia explodir de tanta dor. Bem que o eletro acusou mancha grande na cabeça. Felizmente, recebeu 20 dias de repouso e ele foi a Santa Rita de Caldas, onde até pouco tempo vivia o Pe. Alderígi.

No dia em que alguém lhe deu uma relíquia deste poderoso servo de Deus, ele implorou: "Pe. Alderígi, que eu possa ser curado, pois preciso cuidar de minha esposa e de meu filho!" Depois de 15 dias, já pôde retornar ao serviço, muito feliz da vida pela cura tão maravilhosa. O novo eletro acusou estar curado e a dor de cabeça jamais voltou a atormentá-lo.

5º) Tarefa a ser executada neste dia: Se Deus é amor, invente uma surpresa cordial, para ser executada para alguém que esteja precisando!

6º) **Oração final: Suplicando a Deus a beatificação de Pe. Alderígi** (Veja final da novena!)

4º dia: Sua oração só terá poder se amar o inimigo

1º) **Oração inicial: Louvor e súplica a Pe. Alderígi** (Veja início da novena!)

2º) **Assim o servo de Deus Alderígi escreveu em *Legião de Maria*, em 1969:** O poder da oração depende do nosso amor ao próximo. "Orar é ser criança. Orar é confiar. Orar é participar da força e sabedoria de Deus. [...] Mais ainda: A condição de sermos atendidos pelo Pai é: estarmos unidos no amor e no perdão a todos os homens".

3º) **Testemunho de vida: Pe. Alderígi, homem de oração, ensinou o amor ao inimigo:** Esse homem de Deus era realmente um homem de oração e sempre voltado para o próximo. Distribuiu tudo o que possuía para aqueles que nada tinham, a ponto de a lavadeira ver-se obrigada a cobrir com uma toalha suas roupas íntimas, dependuradas no varal, para que o povo não se escandalizasse com seus inúmeros remendos. Um dia, essa senhora lhe avisou: "Padre, o senhor precisa comprar roupas novas". Ao que ele respondeu: "Se eu as comprar, meus pobres vão passar fome". Por ser homem de oração obrigou-se a ser também homem do perdão e do amor aos inimigos. Antes de abençoar os doentes e sofredores que o procuravam, primeiro exigia que todos perdoassem a todos os inimigos e só depois é que os abençoava.

4º) **Exemplo do poder de Deus, através do Pe. Alderígi, para aumentar sua fé:** Deveria ser 1974, exatamente no dia 22 de maio, com o santuário de Santa Rita totalmente lotado de romeiros e fiéis. Nesta multidão se destaca a figura de uma menina cega, grudada nos braços de sua mãe. Pe. Alderígi preparava os corações de todos para receber a bênção, suplicando que perdoassem seus inimigos. Terminada a oração, o santo sacerdote tomou a água-benta e começou a aspergi-la sobre a multidão. Enquanto isso, ele olhou para aquela mãe e os olhos se encontraram e ela acreditou. De repente, a menina começou a enxergar e a gritar de alegria. O povo também chorava, glorificando Deus, que assim visitava seu povo.

5º) Tarefas a serem executadas neste dia: Se Deus é Pai tão amoroso, a ponto de fazer o sol nascer tanto para você como para seus inimigos, 1ª) faça uma lista de todas as boas qualidades que Deus colocou no coração deles; 2ª) louve o Senhor por tê-los enriquecido com tantas graças.

6º) Oração final: Suplicando a Deus a beatificação de Pe. Alderígi (Veja final da novena!)

5º dia: Como a confissão é importante para abrir o caminho para receber alguma graça!

1º) Oração inicial: Louvor e súplica a Pe. Alderígi (Veja início da novena!)

2º) Assim o servo de Deus Alderígi escreveu em *Sacramento da Penitência*, **em 1973:** "Deus é amor. Ele é alguém que se preocupa pela volta do filho à casa paterna. Ele se apresenta como Pai bondoso que, com dor no coração, vê o filho separar-se de seus irmãos e parentes e deixar a casa. Mas não o impede. Ansiosamente, porém, espera pela sua volta. [...] O pecado fere a união com Cristo e o perdão a restaura. É por isso que Deus deixou o seu perdão na Igreja. [...] É Cristo mesmo, o chefe e cabeça do corpo ferido (pelo pecado), que perdoa e redime".

3º) Testemunho de vida: Dom José D'Ângelo, arcebispo de Pouso Alegre, em seu jornal, anuncia ao povo o falecimento de nosso servo de Deus. "[Pe. Alderígi] foi homem do confessionário. Verdadeiro Cura d'Ars, passava horas intermináveis em atender seus paroquianos e os numerosos romeiros de seu santuário. Chegava a não tomar refeição para que pudesse ficar à disposição dos penitentes. [...] Ele mesmo, o grande confessor, foi sempre um assíduo e humilde penitente".

4º) Exemplo do poder de Deus, através do Pe. Alderígi, para aumentar sua fé: Em 1982, José Francisco da Silva, morador da zona rural, foi a Santa Rita para acertar negócios. Mas, ao voltar para casa, notou que tinha perdido seus documentos. Retornou logo à cidade, enquanto sua mãe e a esposa ficaram rezando, pedindo socorro ao Pe. Alderígi. Sem nada encontrar na cidade, José Francisco nem conseguiu chegar em casa devido a grande chuva que desabou.

No outro dia, quando sua mãe estava tirando leite das vacas, notou algo diferente junto da porteira. Foi ver de que se tratava. Eram exatamente os documentos procurados. Ainda mais: Pe. Alderígi não permitiu que uma gota sequer de todo o aguaceiro despejado na noite anterior tocasse aqueles papéis, tão preciosos.

5º) **Tarefa a ser executada neste dia:** Tenha hoje um encontro com Deus, purificando-se de todos os seus pecados e celebrando a salvação! Se achar necessário uma confissão, por que não fazê-la?

6º) **Oração final: Suplicando a Deus a beatificação de Pe. Alderígi** (Veja final da novena!)

6º dia: Não basta assistir à missa. É necessário vivê-la com amor e devoção

1º) Oração inicial: **Louvor e súplica a Pe. Alderígi** (Veja início da novena!)

2º) Assim o servo de Deus Alderígi escreveu em *Comunidade de Base*, em 1969, sobre a missa: "Não basta a participação externa (da santa missa). Os gestos, as palavras devem encontrar ressonância interna. A participação externa deve ser o reflexo da participação interna, da alma, do coração e da mente. Daí a necessidade dos momentos de silêncio para reflexão litúrgica".

3º) Testemunho de vida: a Eucaristia na vida de quem acreditava de verdade. Dona Ritinha Martins, responsável pelas alfaias da igreja, um dia, foi chamada pelo zeloso Pe. Alderígi. Então, ele lhe pediu: "Quando você lavar os corporais e sanguíneos (tecidos usados na missa), ao estendê-los sobre o varal, coloque duas toalhas, uma por baixo e outra por cima deles, pois **nem a poeira pode tocar nesses paninhos**. Mais ainda: lave o ferro de passar roupa com sabonete antes de passá-los, pois eles irão tocar no Corpo de Cristo".

4º) Exemplo do poder de Deus, através do Pe. Alderígi, para aumentar sua fé: Em 1996, o Sr. Manuel Valdomiro da Silva achegou-se no Viaduto do Chá, em São Paulo, para se matar. Já havia dois meses que ele fazia tratamento de câncer generalizado no Hospital das Clínicas e, em vez de melhorar, tudo se agravava e a doença atingiu seus intestinos. No entanto, naquele instante, surgiu-lhe a ideia de pedir socorro junto à igreja ali perto. Então, um frade o encorajou e lhe falou do poder que o Pe. Alderígi tem diante de Deus e lhe deu a oração que pede a canonização desse santo. (Nota: Trata-se da oração do final da novena 'Altíssimo, onipotente...')

Tendo voltado para a casa, Manuel Valdomiro começou sua novena e, em cinco dias, as coisas mudaram. Retornando ao hospital, o médico lhe declarou, após minucioso exame: "É estranho. Sua doença recolheu e isto é perigoso, pois, quando ela voltar, voltará pior que antes". Feitos novos exames, realmente tudo deu negativo. E assim o Sr. Manuel rematou seu testemunho: "Voltei de novo ao médico, levando o resultado dos exames, e ele me disse: 'Eu não estou entendendo mais nada. Se eu não creio em milagres, não entendo por que a doença sumiu'. Eu é que não entendo como é que os médicos que estudam tanto não conseguem acreditar no que aconteceu" (Este fato se encontra no livro *Alderígi: perfume de Deus em frasco de argila*, da Editora Vozes).

5º) Tarefas a serem executadas neste dia: 1ª) Medite por certo tempo sobre a grandeza da santa missa. 2ª) Se possível for, vá participar de uma missa no dia de hoje! Se não puder, de sua própria casa, vire-se em direção a alguma igreja e adore o Santíssimo Sacramento!

6º) Oração final: Suplicando a Deus a beatificação de Pe. Alderígi (Veja final da novena!)

7º dia: Para o mundo melhorar Deus quer que você faça a sua parte

1º) Oração inicial: Louvor e súplica a Pe. Alderígi (Veja início da novena!)

2º) Assim o servo de Deus Alderígi escreveu em *Boletim*, 2º, em 1970: "Ser cristão é participar; isto quer dizer que o cristão é solidário com todos os homens. Mas não é uma solidariedade consoladora, de promessas futuras; mas, sim, solidariedade que procura soluções humanas, capazes de anular injustiças e fazer chegar a todos os benefícios necessários: dar pão aos famintos, casa aos sem-teto, livro às inteligências etc."

3°) **Testemunho de vida: opção preferencial do Pe. Alderígi para com os pobres.** A piedade e santidade do Pe. Alderígi jamais partiu de religiosidade alienada, com os olhos fixos no céu e com os pés fora da realidade de dores e de injustiças. Quantas vezes esse zeloso vigário não reuniu os fazendeiros, antes das missas nas capelas rurais, a exigir deles o fim das injustiças junto a seus empregados! Nos sermões, em seu santuário, falava bem alto, cheio de energia, sobre as compras com preço irrisório, aproveitando-se da necessidade do próximo. (Cf. o livro *Alderígi: perfume de Deus em frasco de argila*, da Editora Vozes.)

No tempo da ditadura militar, mais de uma vez, foi junto ao juiz, exigindo a libertação de seus paroquianos, presos injustamente. Para que os operários pudessem se conscientizar mais e mais, implantou em sua paróquia a Juventude Operária Católica

(JOC), braço forte da Ação Católica e até mesmo as Comunidades Eclesiais de Base.

4º) Exemplo do poder de Deus, através do Pe. Alderígi, para aumentar sua fé: Trechos da carta da advogada Maria Cícera F. Aires, de Maceió (AL), escrita em 1994: Há quase dois anos eu precisava extrair um nódulo de minha mama esquerda. Mas eu estava numa situação bastante estressante: mudança de residência (de uma paróquia que eu amo, na qual morei muitos anos, para um bairro muito distante) e ainda uma situação bastante delicada no meu casamento. Eu sabia que não tinha condições psicológicas de enfrentar uma cirurgia. Foi quando [...] rezei ao Pe. Alderígi para interceder a Deus por mim, curando-me, ou melhor, afastando-me da cirurgia.

Quando fui levar os exames para o médico [...] e marcar a data da cirurgia, ele, aparentemente sem motivo, resolveu examinar-me de novo. Sabe o que ele descobriu? Que o nódulo tinha sumido. Fiquei radiante e certa de que o Pe. Alderígi tinha intercedido por mim.

5º) **Tarefa a ser executada neste dia:** Examine-se se não está havendo injustiça em seu ambiente de trabalho! Será você capaz de ouvir os gritos de aflição do povo de Deus, diante da corrupção social?

6º) **Oração final: Suplicando a Deus a beatificação de Pe. Alderígi** (Veja final da novena!)

8º dia: Gaste seu tempo também no apostolado e Deus fará o resto

1º) **Oração inicial: Louvor e súplica a Pe. Alderígi** (Veja início da novena!)

2º) **Assim o servo de Deus Alderígi escreveu em *Curso sobre os leigos*, em 1971:** "Há quem pense que o apostolado do leigo consiste em ser bom cristão: rezar, ser honesto, frequentar a missa e os sacramentos. Certo, certíssimo que esta é a base, o fundamento da evangelização e, sem isto, nada feito. Mas, também, só isto foi e é insuficiente. [...] 'O apostolado não consiste apenas no testemunho da vida. O verdadeiro apostolado busca ocasião de anunciar Cristo por palavra, para levar os não crentes à fé, como também para instruir, confirmar e animar os fiéis a uma vida mais fervorosa" (Vaticano II, A.A. 6 § c)".

3º) Testemunho de vida: Pe. Alderígi, evangelizador, enviando os leigos a evangelizar. Nosso servo de Deus sempre se esforçou para fazer de sua comunidade uma paróquia totalmente apostólica. Aos jovens e adultos, pertencentes aos movimentos de igreja, ele insistia: "Se vocês não fizerem apostolado, vocês não passam de cabide de fita". Desse jeito falava por ser apaixonado por Cristo que morreu para salvar a todos. Assim escreveu uma líder do grupo jovem, Áurea S.L. de Carvalho: "Pe. Alderígi se fazia jovem com os jovens, enviando-nos para organizarmos cultos dominicais nas capelas rurais. Nem do dinheiro do nosso lanche ele se esquecia".

4º) Exemplo do poder de Deus, através do Pe. Alderígi, para aumentar sua fé: Lá pelos meados de 1989, chegou ao hospital de Poços de Caldas o Sr. Sinézio do Lago (63 anos). Já estava em fase terminal, segundo os médicos, devido a enfarto. No entanto, uma enfermeira fez mudar o curso da história: Ela se achegou junto da esposa e falou do Pe. Alderígi; falou de doentes que foram curados pela sua intercessão e deu-lhe a oração do final desta novena. Naquela mesma tarde, a família toda fez a tal oração e... as coisas começam a acontecer. O Sr. Sinézio começou a melhorar, a recobrar a vida, para espanto dos que não acreditavam. Uns dias depois, embora já tivesse sido desenganado, já estava dirigindo seu carro pelas ruas de sua cidade.

5º) **Tarefa a ser executada neste dia:** Tente hoje ser apóstolo(a) de Cristo, procurando evangelizar alguém. Comente com seu irmão, ou com sua irmã, sobre algum assunto religioso que o inflama, seja sobre Cristo, ou sobre a Igreja, ou sobre o Pe. Alderígi.

6º) **Oração final: Suplicando a Deus a beatificação de Pe. Alderígi** (Veja final da novena!)

9º dia: Quer receber uma graça? Bote confiança em sua oração!

1º) **Oração inicial: Louvor e súplica a Pe. Alderígi** (Veja início da novena!)

2º) Assim o servo de Deus Alderígi escreveu em *Adoração ao SS. Sacramento*, em 1969: Oração com confiança. "Vamos continuar a estudar os requisitos necessários para preparar nossa oração: [...] **Jesus é o nosso mediador:** Embora indignos de alcançar alguma coisa, devemos esperar com grande confiança nos méritos de Jesus Cristo, nosso ótimo mediador e intercessor. Intercessor é aquele que pede, que suplica em favor dos outros. **O Espírito Santo: promotor de nossa oração.** Esse mesmo Espírito acode à nossa fraqueza e ignorância em matéria de oração. Mais ainda: 'Intercede por nós com gemidos inefáveis' (Rm 8,26). **Conclusão:** Oração com coração humilde, arrependido dos pecados, com fé e confiança e vivendo uma vida segundo a vontade de Deus: 'Se permanecerem em mim e em vocês permanecerem as minhas palavras, peçam o que quiser e tudo lhes será concedido' (Jo 15,7)".

3º) **Testemunho de vida: com confiança, maravilhas podem acontecer.** Não tinha tamanho a confiança que o Pe. Alderígi depositava em Deus. Ela era tão grande que maravilhas foram acontecendo, não só no período em que foi pároco de Santa Rita de Caldas, mas, muito mais agora, depois de sua entrada no céu, onde intercede pelos seus devotos. Os arquivos de sua paróquia guardam mais de cem casos de curas de coração, rins, bexiga; cegos começando a ver, paralíticos andando, alcoólatras libertados, mães socorridas na hora do parto, dívidas sendo pagas. Nestes arquivos se encontram testemunhos até de doenças incuráveis, como loucura, epilepsia e câncer. Peça, cheio(a) de confiança, ao Pe. Alderígi que reze por você e maravilhas vão acontecer em sua vida.

4º) **Exemplo do poder de Deus, através do Pe. Alderígi:** Era um sábado, 6 de maio de 1989. Em Santa Rita de Caldas, toda faceira lá foi a jovem Viviane de Cássia na garupa duma moto, em direção da estrada asfaltada, para aprender a dirigir essa máquina tão admirada pela juventude. De repente, ouviu-se o estouro de um pneu. A jovem foi lançada para cima com tanto impulso que chegou a rodopiar no ar e cair de cabeça no negro asfalto, numa poça de sangue. Conduzida às pressas a Poços de Caldas, de imediato foi levada para a sala de radiografia e o exame acusou três fraturas no lado direito do crânio. Logo depois, o médico, ouvindo os soluços de Dona Míriam, a mãe em desespero, chegou ao corredor e lhe preveniu: "Não adianta ter esperança. Quebrou demais a cabeça e a fratura é muito funda". Aí, ela começou a bradar: "Pe. Alderígi, o Sr. foi tão santo, tão bom, tão carinhoso. Mostre o seu amor e cure a minha filha!"

Segunda-feira. Dona Míriam recebeu uma relíquia, um pedacinho da batina desse milagroso e santo vigário. Logo ela bateu à porta da UTI e suplicou: "Coloque isso na cabeça da Viviane!" (Resposta negativa, devido à hemorragia.) "Coloque, então, em qualquer parte! É uma mãe cheia de angústia que lhes pede".

De imediato, a jovem começou reagir, assim que sobre ela colocaram a relíquia. Assustadas diante desse fato inesperado, as enfermeiras começaram a gritar e chamaram o médico de volta. Daí a pouco o médico sai e anuncia à mãe: "Põe os joelhos em terra porque você acabou de receber uma graça!"

Daí em diante, aquela que estava em coma de 2º grau continuou a falar e, em apenas três dias, recebeu alta.

Uma semana depois a família retorna ao hospital para novo exame e novo eletro. Tudo feito, o médico, olhando as chapas junto com a família, ia comentando: "Nunca vi um eletro tão bonito como esse. Tudo normal". "Quanto lhe devemos?", perguntaram. E ele: "Comigo, tudo certo. Não fui eu quem a curou. Só quero *Alderígi, gigante com olhos de criança*, o livro sobre esse servo de Deus" (da Editora Vozes).

5º) **Tarefa a ser executada neste dia:** Nesta novena, você encontrou nove fatos extraordinários, acontecidos graças à intercessão do servo de Deus, Pe. Alderígi. Narre, pelo menos, um deles a algum(a) amigo(a). Depois, retire-se para um lugar mais sossegado, feche os olhos e veja a graça que você precisa sendo concedida pelo Bom Pai do céu. Enquanto estiver visualizando essa cena, eleve seu coração aos céus e comece a agradecer.

6º) **Oração final: Suplicando a Deus a beatificação de Pe. Alderígi** (Veja final da novena!)